LOS OÍDOS

EL CUERPO HUMANO

Robert James

Versión en español de Aída E. Marcuse

The Rourke Press, Inc.
Vero Beach, Florida 32964

FOTOGRAFÍAS:
Todas las fotografías pertenecen a ©Kyle Carter, salvo las de la
página titular y la página 21, que pertenecen a ©Frank Balthis, y la
de la página 17, ©Busch Entertainement Corporation. Todos los
derechos reservados.

Catalogado en la Biblioteca del Congreso bajo:

James, Robert, 1942-
    [Los oídos. Español]
    Los oídos. / por Robert James; versión en español de
Aída E. Marcuse.
        p. cm. — (El cuerpo humano)
    Incluye índices.
    Resumen: Describe la anatomía de los oídos humanos e incluye
informaciones sobre los problemas, el cuidado de los oídos y los
oídos y orejas de algunos animales.
    ISBN 1-57103-111-1
    1. Oídos —Anatomía—Literatura juvenil.   [1. Oídos.
2. Materiales en idioma español.]
I. Título II. Series: James, Robert, 1942-   El cuerpo humano
QM507.J3618   1995
611'.85—dc20   95–317
                                                       CIP
                                                       AC

Impreso en Estados Unidos de América

ÍNDICE

LOS OíDOS

Tus oídos son socios del cerebro. Gracias a esa asociación, tú puedes oír.

Los oídos y el cerebro hacen que la vida sea más fácil y agradable al traernos los sonidos de las palabras, la música, el ruido de la lluvia y el viento. Además nos traen otros sonidos, como los de sirenas y gritos, que nos advierten cuando hay peligro.

Como tus ojos, los oídos te permiten saber qué sucede a tu alrededor.

Gracias a los oídos, podemos darnos cuenta de un peligro, como el que representa una víbora de cascabel, y evitarlo.

EL OÍDO EXTERNO

La oreja que tú ves, es sólo una parte del oído. La oreja es una membrana de piel que recubre un **cartílago**. El cartílago es un material fuerte, pero muy **flexible**. Como la oreja no tiene huesos, podemos doblarla con facilidad sin que se rompa.

La base de la membrana es el lóbulo de la oreja. Justo encima de él, hay una abertura que conduce al oído interno. En esa abertura comienza un túnel, llamado el canal del oído.

La oreja recubre una armazón hecha de cartílago

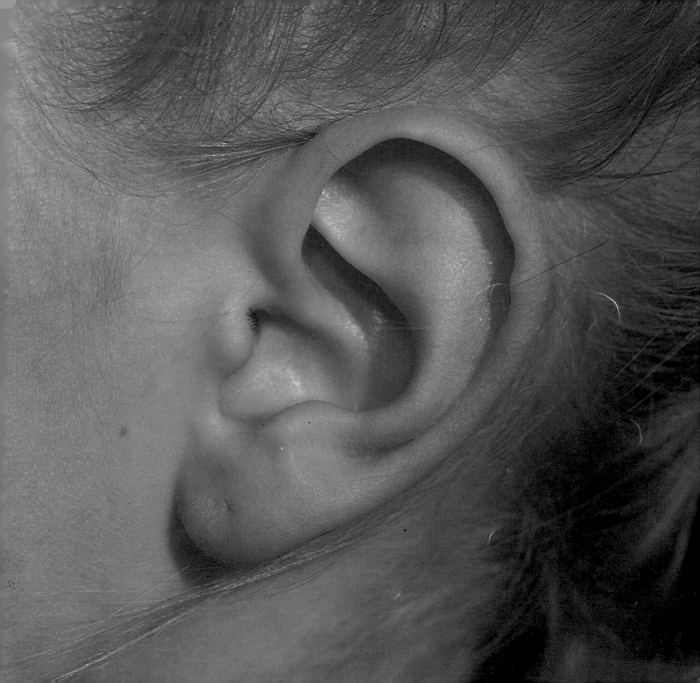

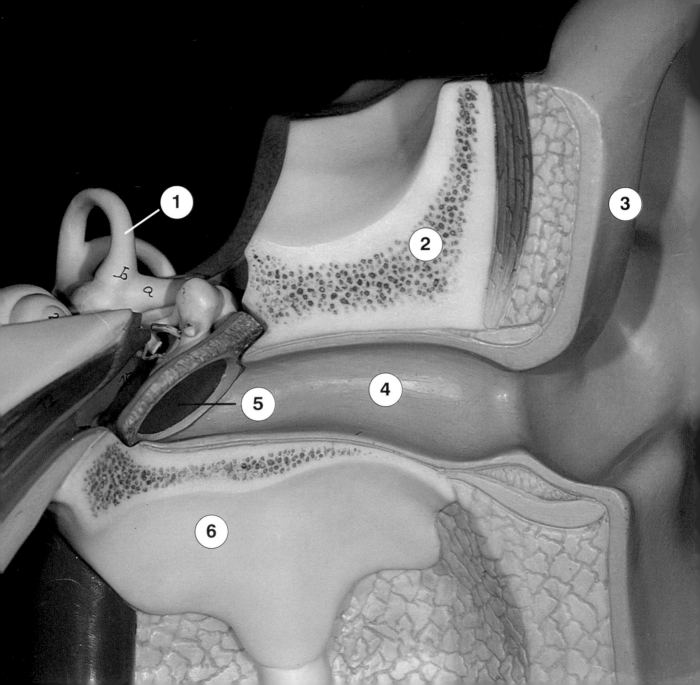

EL OÍDO INTERNO

El canal del oído conduce al **tímpano**, el oído medio y el oído interno.

El tímpano y las otras partes del oído trabajan juntos. Asociados con el cerebro, te permiten oír.

En el oído hay tres huesos pequeños que son muy importantes para oír.

Uno de ellos, el estribo, es el hueso más diminuto que hay en el cuerpo. ¡Es más chico que una semilla de manzana!

1. Conductos del equilibrio
2. Hueso
3. Oreja
4. Canal del oído externo
5. Tímpano
6. Hueso

9

LOS SONIDOS

Lo que oímos, son sonidos. Un sonido es una onda de aire en movimiento.

Cuando hablamos, enviamos al exterior una **vibración**, es decir, una onda de aire.
No podemos verlas, pero nuestros oídos "capturan" esas ondas, o al menos, *algunas* de ellas.

Los oídos humanos no perciben todos los sonidos. Los perros, en cambio, pueden oír muchos sonidos que están más allá de la capacidad del oído humano.

Las enormes orejas del elefante africano, parecidas a un abanico, disipan el calor, dirigen los sonidos y envían mensajes corporales a los demás elefantes

*Los oídos humanos pueden captar sonidos tan suaves como
los murmullos y los zumbidos*

LOS OÍDOS Y EL CEREBRO

Tus oídos son receptores que reciben mensajes de las ondas de aire.

Además del tímpano y las otras partes, en el oído interno hay unas pequeñas estructuras llamadas **nervios**. Los nervios son los encargados de transmitir los mensajes al cerebro.

El cerebro procesa inmediatamente la información que le traen. Nosotros recibimos la información en forma de sonidos como los de la risa, los gritos, aplausos, siseos y los de la conversación.

Las ondas sonoras del aire van de la radio a tus oídos, y de allí al cerebro

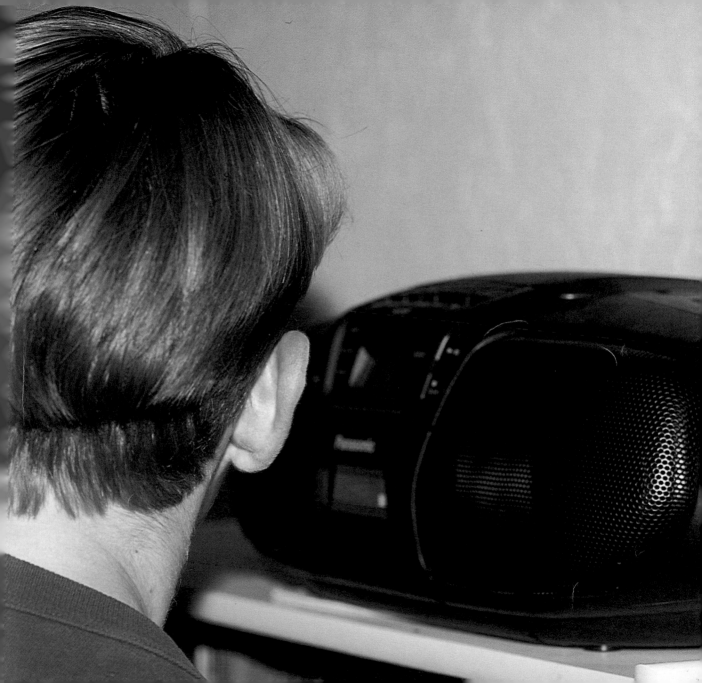

LOS OÍDOS Y EL SENTIDO DEL EQUILIBRIO

Dentro del oído interno, en los conductos del equilibrio, hay líquido. Cuando el oído interno y los conductos del equilibrio trabajan bien, te sientes "normal".

Los movimientos bruscos, como los de la montaña rusa, hacen que el líquido se desplace y sientes que te "caes", como cuando estás en un ascensor.

El girar de la calesita también afecta el equilibrio. Cuando se detiene, por unos instantes los conductos del equilibrio le siguen diciendo al cerebro que te mueves. Pero tus ojos dicen: "la calesita está parada". Tu cerebro se confunde y tú te mareas.

La montaña rusa, como esta llamada El Escorpión, en Busch Gardens, en la bahía de Tampa, y los ascensores, hacen mover el líquido en los conductos del equilibrio, que están en el oído interno

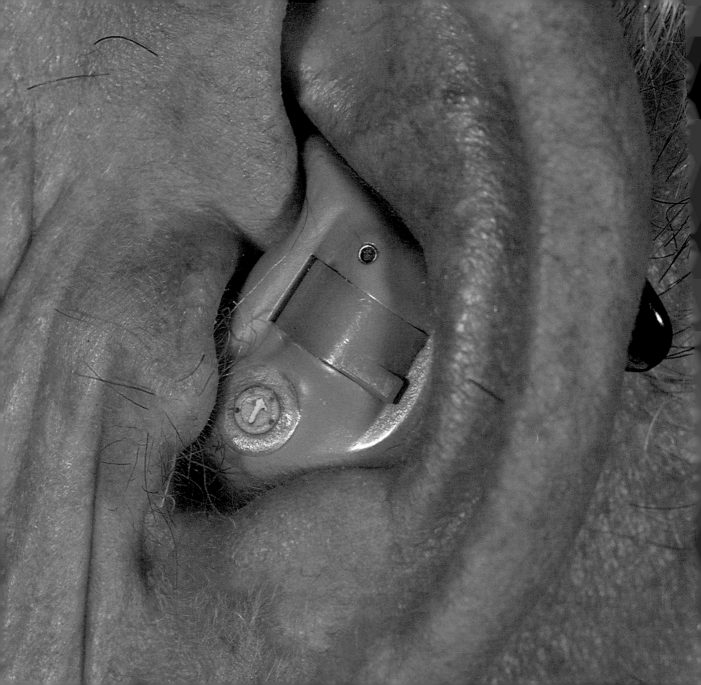

PROBLEMAS DE LOS OÍDOS

La pérdida del sentido del oído, o sordera, se produce por muchas causas. Algunas enfermedades, heridas en la cabeza, quemaduras y los ruidos muy fuertes, pueden hacer que uno se quede sordo o que oiga menos bien.

Los buzos a veces sufren daños en los oídos, como cuando se someten a cambios bruscos de la presión del agua, que afectan los tímpanos.

En ciertos casos, los médicos pueden reparar el daño sufrido por el oído medio y mejorar la capacidad de oír de una persona. Pero el daño hecho al oído interno no tiene remedio.

Las prótesis auditivas permiten que escuchen mejor las personas que han perdido parte de su capacidad para oír

EL CUIDADO DE LOS OÍDOS

Para proteger tus oídos, debes darles los cuidados adecuados. Nunca pongas en ellos objetos afilados o cortantes, pues pueden perforar el tímpano.

Si se te forma un tapón de cera en el oído, pídele a un médico que te lo quite. La función de la cera es retener el polvo y las basuras que entran al oído, pero de vez en cuando la cera se acumula y molesta.

Evita escuchar ruidos fuertes durante mucho tiempo seguido: pueden afectar tu oído.

Los operadores de equipos pesados usan protectores para atenuar el ruido de los motores

LOS OÍDOS Y LAS OREJAS DE LOS ANIMALES

El elefante posee las orejas más grandes del reino animal. Esas orejas gigantescas le sirven para varios propósitos. Su gran superficie ayuda al animal a eliminar el exceso de calor del cuerpo. La posición en que las mantiene, le indica a otros elefantes si su dueño está enojado, nervioso o tranquilo.

Los perros y los búhos tienen un oído excelente. Las largas "orejas" externas del búho, sin embargo, en realidad son plumas, no orejas.

Glosario

cartílago (car-tí-la-go) — tejido del cuerpo, fuerte y flexible, que se encuentra en las orejas y la nariz

flexible (fle-xi-ble) —capaz de plegarse con facilidad y frecuentemente

nervios (ner-vios) — "antenas" sensibles que envían mensajes al cerebro

tímpano (tím-pa-no) —en el oído interno, una pequeña pieza de piel, redonda y delgada, sensible a las ondas de sonido

vibración (vi-bra-ción) — movimiento que envía sonidos al oído

ÍNDICE ALFABÉTICO